Friederike Wilhelmi

Was ist wahr?!

Wie entstand das Eis am Stiel?

Illustrationen von Rolf Vogt

arsEdition

Bibliografische Information Der Deutschen Bibliothek

Die Deutsche Bibliothek verzeichnet diese Publikation in der Deutschen Nationalbibliografie; detaillierte bibliografische Daten sind im Internet über http://dnb.ddb.de abrufbar.

5 4 3 2 1 08 07 06 05

Umschlaggestaltung: Romy Gallina
Redaktion: Heike John
Produktion: Detlef Schuller, Katja Walter
ISBN 3-7607-4825-2

www.arsedition.de

Inhalt

Wer erfand die Brille?

a) Astrid Lindgren war eine begnadete Schriftstellerin. Durch das viele Lesen bekam sie schlechte Augen und fragte einen befreundeten Arzt um Rat. Der schliff aus einem Weinglas zwei kleine Lupen, verband diese mit einem dünnen Draht und schenkte sie Lindgren. »Bril« ist schwedisch und heißt auf Deutsch »Geschenk«.

b) Der erste Schritt zur Brille kam von den Mönchen im Mittelalter. Sie legten einen gewölbten und durchsichtigen Stein auf ihre Schriften. Dieser Stein wirkte wie eine Lupe: Er vergrößerte die Schrift und erleichterte dadurch das Lesen. Erste geschliffene Gläser folgten dann im 13. Jh. aus Venedig (Italien).

c) Als Giulietta Galilei, die Urenkelin des berühmten italienischen Physikers Galileo Galilei, mit 5 Jahren ihren Finger in ein Glas Wasser steckte, stellte sie erstaunt fest, dass er darin viel größer erschien. Das war im Jahr 1643. Dank der vielen Apparaturen ihres bereits verstorbenen Urgroßvaters hatte sie tatsächlich mit 8 Jahren das erste Monokel (Brille für ein Auge) entwickelt. Mit 10 Jahren war sie das reichste Kind der Welt.

richtig ist Antwort b)

Ein Brief des Staatsmannes Cicero an einen Freund zeigt: Die Römer hatten noch keine Brillen. In dem Brief steht nämlich geschrieben, er müsse sich jetzt im Alter, da er selbst nicht mehr lesen könne, alles von Sklaven vorlesen lassen.

Die Mönche im Mittelalter hatten es da nicht so gut. Sie mussten viel lesen und schreiben. Wer Probleme mit den Augen hatte, musste sich etwas einfallen lassen – und das taten sie dann auch: Sie entwickelten den so genannten Lesestein. Dieser bestand aus Bergkristall oder Halbedelsteinen und hatte auf der einen Seite eine ebene und auf der anderen eine gebogene Fläche. Dieser Stein wurde nicht vor das Auge gehalten, sondern mit der ebenen Fläche auf die Texte gelegt. Dadurch vergrößerte er die Schrift wie eine Lupe.

Die Bezeichnung »Brille« geht wahrscheinlich auf den Namen des Halbedelsteins zurück, den die Mönche meistens verwendet haben, den »Beryll«. Wer einen solchen Lesestein besaß, galt im Mittelalter als besonders gescheit und gelehrt.

Die Glasbläser in Venedig stellten die ersten geschliffenen Gläser her. Zuerst waren sie nur für ein Auge gedacht und wurden »Bril« genannt. Gegen Ende des 13. Jh. kam man auf die Idee, zwei geschliffene Gläser mit Holz oder Horn zu umranden. Die Brille war erfunden. Ab dem 16. Jh. setzte dann die Massenproduktion ein.

Wer kam auf die Idee des Blitzableiters?

a) Ein experimentierfreudiger Amerikaner ließ 1752 während eines Gewitters einen Drachen steigen, um die Elektrizität eines Blitzes nachzuweisen. Als das Experiment gelang, war klar: Ein Blitz muss direkt in den Boden geleitet werden, dann schadet er niemandem.

b) Im antiken Griechenland glaubte man, dass Blitz und Donner eine Zornesbotschaft der Götter seien. Ein Staatsmann kam daher auf die Idee, an die Häuser seiner Bürger spitze Stangen zu montieren. Dadurch hoffte er, die Götter einzuschüchtern und ihren Zorn vom Volk abzuwenden. Er ahnte nicht, dass er damit eine lebensrettende Erfindung gemacht hatte.

c) Der Blitzableiter wurde 1975 zufällig entdeckt, als ein Bauarbeiter während eines Gewitters auf einem Baugerüst stand. Der Blitz schlug in das Gerüst ein und wurde direkt in den Boden geleitet. So blieben der Arbeiter und das Haus unversehrt. Der clevere Mann hatte sofort verstanden, was er da erlebt hatte, experimentierte noch einige Monate mit Blitz und Metallstangen und entwickelte den Blitzableiter.

richtig ist Antwort a)

Der Amerikaner Benjamin Franklin war ein Allround-Genie. Neugierig und erfinderisch, wie er war, ließ er 1752 während eines Gewitters einen Drachen steigen. Ans Ende der feuchten Drachenschnur hängte er einen Metallschlüssel. Wenn es blitzte und der Schlüssel in die Nähe der Erde kam, sprühten Funken. Für Franklin war das der Beweis, dass es sich beim Blitz um eine elektrische Entladung handelt.

Dieses Experiment brachte Franklin auf die Idee, eine hohe Metallstange an Häusern zu befestigen. Der Blitz wurde dann an der Stange entlang auf direktem Weg in die Erde hinuntergeleitet. Dadurch blieben die Gebäude unbeschädigt.

Franklin hatte Glück, dass er bei seinen Experimenten nicht getötet wurde, denn die Stromstärke von Blitzen beträgt bis zu 100000 Ampere bei Spannungen von mehreren Millionen Volt. Beim Einschlag entstehen Temperaturen von bis zu 30000 Grad Celsius.

Blitzableiter waren übrigens im 18. Jh. ein umstrittenes Thema. Die Kirche nannte sie »Ketzerstangen«, weil sich die Menschen, die einen Blitzableiter an ihrem Haus hatten, angeblich dem Gericht Gottes entzogen. Da sich Blitze allerdings immer den höchsten Punkt suchen, hätten sich die Kirchenmänner auch fragen können, warum sich der göttliche Zorn meistens über Kirchtürmen entlud ...

Wer war der Erfinder von Cornflakes?

- Der Arzt John Harvey Kelloggs wollte eigentlich nur ein Gericht finden, das besser für die Verdauung seiner Patienten war. Er experimentierte zunächst mit gekochten, dann mit getrockneten Weizenflocken. Sein Bruder William fügte dann noch Zucker hinzu – und fertig waren die Cornflakes.

- An einem heißen Julitag veranstaltete ein Altersheim in Florida ein Sommerfest. Für diejenigen, die nur Schonkost zu sich nehmen durften, stand ein Topf mit gekochten Weizen- und Maisflocken bereit. Doch der wurde ignoriert. Der Brei trocknete aus – und verwandelte sich so in die ersten Cornflakes der Welt. Am Tag der Party noch verschmäht, war er am nächsten Morgen der Hit!

- Miriam Kelloggs hatte 13 Katzen. Das Fressen für die Haustiere kochte sie jeden Morgen selbst. Unter ihnen gab es auch Feinschmecker, die nicht alles fraßen. Für sie probierte Miriam oft Neues aus. So kam sie Schritt für Schritt auf das Rezept der Cornflakes, die das Leibgericht ihrer Feinschmeckerkatzen wurden.

richtig ist Antwort a)

Die beliebten Getreideflocken wurden im Jahre 1894 von d Brüdern John und William Kelloggs erfunden. Dabei ging es ihnen gar nicht um den Knusperspaß, sondern nur um die Verdauung ihrer Patienten.

John Harvey Kelloggs arbeitete nämlich als Arzt in einer Kurklinik und war auf der Suche nach einem gesunden Frü stück als Alternative zum Brot.

Gemeinsam mit seinem Bruder William entdeckte er eines Morgens eine stehen gelassene Schüssel mit gekochten We zenflocken. Das brachte die beiden auf eine Idee. Sie tüftel- ten ein wenig herum – und fertig waren die lederartigen, gebackenen Weizenflocken namens »Granola«.

Sie sollten den Kurgästen ihre Diät schmackhafter mache William wollte die Erfindung allerdings im größeren Stil au den Markt bringen und fügte gegen den Willen seines Bru- ders Rohrzucker zu den bis dahin zwar gesunden, aber nich sehr schmackhaften Flocken hinzu. Die Nachfrage explodie und William ließ sich nicht mehr aufhalten. 1906 gliederte das Geschäft mit den Frühstücksflocken in eine eigene Firma aus, die spätere Kellogg Company.

Die Brüder konnten sich nie mehr einigen – im Gegenteil: Sie führten einen jahrelangen Rechtsstreit gegen- einander.

Wer erzeugte die erste Glühbirne?

a) Der amerikanische Erfinder Thomas Alva Edison erfand 1879 die Glühbirne ganz zufällig, als er an der Verbesserung eines Fernsprechermikrofons arbeitete. Eines Abends entwickelte er innerhalb von Minuten so ganz nebenbei eine elektrische Glühlampe, weil es ihm einfach zu dunkel war.

b) Der deutsche Johann Heinrich Goebel eröffnete Mitte des 19. Jh. in New York ein Uhrmachergeschäft. Neben den Uhren tüftelte er jahrelang daran herum, elektrisches Licht zu erzeugen. Nach vielen Rückschlägen gelang ihm das tatsächlich im Jahre 1854. Doch die Herstellung dieses Lichts war viel zu teuer und daher blieb der Erfolg aus. Goebel blieb sein Leben lang arm.

c) Im Mittelalter gab es den Brauch, Birnen auszuhöhlen, eine Kerze hineinzustellen und zur Erntezeit damit die Bauernhöfe zu erleuchten. Als die Elektrizität erfunden wurde, ersetzte man die Kerzen durch elektrisches Licht. Doch das war zu heiß und die Birnen verbrannten. Also ersetzte man ein Jahr später die echte Birne mit Glas – fertig war die Glühbirne. Der Name des Erfinders blieb leider unbekannt.

richtig ist Antwort b)

Am 20. April 1818 erblickte Johann Heinrich Goebel in einem Dorf in Niedersachsen das Licht der Welt. Und Licht sollte immer sein Thema bleiben, denn er erfand die Glühbirne.

Schon als Knabe bastelte er ständig an elektrischen Geräten und Batterien herum. Als junger Mann machte er eine Ausbildung zum Uhrmacher. Als er später mit seiner Frau und seinen Kindern nach Amerika auswanderte, eröffnete er in New York ein Uhrmachergeschäft.

Weil das Geschäft nicht so besonders gut lief, ließ er zu Werbezwecken auf dem Dach seines Ladens mittels einer selbst gebauten Zink-Kohle-Batterie elektrische Lichtbögen springen. Jetzt fiel der Laden zwar auf, aber die Nachbarn benachrichtigten regelmäßig die Feuerwehr, bis es schließlich zum Verbot dieses Leuchtfeuers kam. Goebel tüftelte weiter und schaffte es, das elektrische Licht in eine gläserne Flasche zu bannen. Doch diese Lampe war so teuer, dass sie keiner kaufen wollte, und Goebel verarmte völlig.

Thomas Alva Edison entwickelte die Glühbirne weiter. Er gründete eine Firma, die kostengünstigere Birnen herstellte. Lange Zeit galt er als der Erfinder der Glühbirne. Erst 1893 konnte Goebel in einem Prozess nachweisen, dass er schon 1854, 25 Jahre vor Edison, Glühlampen angefertigt hatte. Er verstarb einige Monate nach diesem Erfolg mit 75 Jahren.

Wie entstand das Eis am Stiel?

a) Eine erfindungsreiche Krankenschwester aus der Eifel musste an einem Tag im Sommer 1923 die Kinderstation des Krankenhauses ganz alleine versorgen. Um nicht jedes Kind einzeln füttern zu müssen, steckte sie die Löffel kurzerhand in das Speiseeis, schob es noch einmal ins Kühlfach – und fertig war das erste Eis am Stiel. So geriet die Krankenschwester nicht in Stress und die Kinder waren glücklich.

b) Das erste Eis am Stiel entstand zufällig bei einer Wette: Zwei Franzosen hämmerten vorsichtig Nägel in Eiswürfel. Wer die meisten Nägel schaffte, ohne das Eis zu zerstören, hatte die Wette gewonnen. Am Ende erkannten sie das Zufallsprodukt, ersetzten das gefrorene Eis durch Limonade und wurden reich.

c) Ein Limonadenverkäufer ließ aus Versehen im Winter ein Glas mit einem Löffel auf einer Fensterbank stehen. Als er am nächsten Morgen das Glas fand, war die Limonade gefroren und hing am Löffel.
So kam es, dass er plötzlich das erste Eis am Stiel in der Hand hatte.

richtig ist Antwort c)

Die Erfindung des Eis am Stiel ist nicht das Ergebnis von umfangreichen Experimenten. Es ist sozusagen ganz aus Versehen und über Nacht erfunden worden. Und zwar von einem Amerikaner namens Frank Epperson.

Er war Vertreter für Limonade und eines Nachmittags stellte er sein Produkt einer Firma in New Jersey vor. Dabei vergaß er ein Glas Limonade, in dem ein Löffel steckte, auf dem Fensterbrett.

In der folgenden Nacht sank die Temperatur unter null Grad, und als Epperson am nächsten Morgen den Löffel herausnehmen wollte, hielt er das erste Eis am Stiel in der Hand. Die Limonade war zu Eis gefroren und hing als großer Klumpen am Löffel. Das geschah im Jahr 1923.

Dem Limonadenverkäufer war sofort klar, was für eine geniale Entdeckung er da in seiner Hand hielt. Er verkaufte das Patent an eine Firma, die das Eis am Stiel erfolgreich auf den amerikanischen Markt brachte.

Inzwischen kann man Eis am Stiel fast überall auf der Welt kaufen – und das machen Kinder und Erwachsene mit großer Begeisterung! Allein in Deutschland wurden zum Beispiel im Jahr 1997 628 Millionen Portionen Eis am Stiel gelutscht.

Wie wurde die Bluejeans erfunden?

a) Ein kleiner, 6-jähriger Junge zerschnitt aus Übermut den blauen Vorhangstoff seiner Mutter. Daraus nähte sie ihm eine Hose. Die war so steif, dass die Mutter dachte, ihm damit eine Strafe aufzubrummen. Doch nach einmaligem Tragen wurde der Stoff weich und die Hose ein Hit.

b) Die Indianer mussten während der Büffeljagd oft tagelang durch die Prärie reiten. Ihre Stoffhosen waren durch den Sattel schnell durchgescheuert. Jean Blue, Häuptling der Blauwolf-Indianer, kam auf die Idee, einen stärkeren Stoff zu verwenden. Er soll damals gesagt haben: »Blau muss er sein, damit jeder weiß, woher der Stoff kommt.« Und blau ist die Bluejeans noch heute!

c) Die Goldsucher in Amerika brauchten strapazierfähige Hosen, die ihrem rauen Alttag standhalten konnten. Kurz entschlossen nähte Löb Strauss, ein Verkäufer, der die Goldsucher mit allerlei Nützlichem versorgte, aus einem blauen Zeltstoff die erste Jeans. Geschäftstüchtig, wie er war, wusste er sofort, dass er damit eine geniale Erfindung gemacht hatte.

richtig ist Antwort c)

Angefangen hat alles 1848, als der 18-jährige Löb Strauss von Deutschland nach Amerika auswanderte. Amerika war damals im Goldrausch und die Möglichkeit, schnelles Geld zu machen, trieb Tausende in die Goldgräbercamps. So auch Löb, der sich in Amerika Levi nannte.

Er schürfte jedoch kein Gold, sondern verkaufte den Goldgräbern allerlei Krimskrams, wie Seife, Lebensmittel und Schnürsenkel. Aber damit verdiente er nicht viel.

Auf der Suche nach einer neuen Geschäftsidee fiel Levi auf, dass die Goldsucher häufig über ihre Hosen klagten. Sie seien für die harten Bedingungen ihres Alltags nicht strapazierfähig genug. Dauernd waren die Hosen zerrissen und durchlöchert. Levi reagierte sofort: Aus einem blauen Segeltuch, das er eigentlich als Zelt- oder Wagenplane verkaufen wollte, ließ er Hosen nähen. Damit begann der Siegeszug der Bluejeans! Endlich hatten die Goldgräber Kleidung, die ihrer Arbeit in der Wildnis standhielt. Und Levi hatte damit seine eigene Goldgrube gefunden. Die Hosen machten ihn nämlich steinreich.

Jacob Davis, einer der vielen Schneider, die Levis' Hosen anfertigten, machte ungefähr 20 Jahre später eine weitere Erfindung. Er brachte an den Taschen Nieten zur Verstärkung an, so konnten sie nicht mehr ausreißen.

Davis hatte kein Geld, um sich die Idee patentieren zu lassen. Doch Levi erkannte ihre Genialität und meldete sie als Patent an. Das war am 20. Mai 1873, dieser Tag gilt als Geburtsstunde der originalen Levi's-Jeans.

Wie kam das Ketschup zu seinem Namen?

a) Zuallererst gab es eine Sojasoße in China mit dem Namen »ketsiap«. Als sie nach Amerika gelangte, wurde das Rezept mehrfach verändert und von der ursprünglichen Sojasoße blieb wenig übrig. Nur der Name klingt noch ähnlich. Einen einzelnen Erfinder gibt es also nicht, Ketschup ist eine amerikanische Gesamtproduktion.

b) Die beliebte Tomatensoße ist eine Erfindung des Amerikaners Harry Heinz. Vom Wettbewerbsgeist seiner Heimat durchdrungen gab Heinz seiner Soße den Namen Ketschup. Das leitete er von dem amerikanischen »to catch up« ab, was auf Deutsch »einholen« heißt.

c) Ketschup kommt ursprünglich aus Neuseeland. Bei den Maoris (Ureinwohner Neuseelands) heißt eine beliebte Nationalspeise »kett abbab«. Das bedeutet: »rote Soße«. Die Farbe kam allerdings nicht von den Tomaten, sondern von Tierblut. Das haben die Amerikaner schnell geändert. Alle anderen Zutaten blieben gleich und der Name wurde ebenfalls übernommen.

richtig ist Antwort a)

In einem chinesischen Kochbuch aus dem Jahre 1690 kann man lesen, dass in China zu dieser Zeit bereits eine Sojasoße namens »ketsiap« zu Fisch und Geflügel gereicht wurde. Diese Soße gelangte im Gepäck der Handelsfahrer im 18. und 19. Jh. nach Europa und Amerika.

Auf den verschiedenen Kontinenten entwickelte sich die Soße unterschiedlich weiter: Die Engländer kreierten daraus im Laufe der Zeit ihre so genannte »Worcestersauce«, die Amerikaner vermischten die chinesische Soße mit Tomaten und gaben ihr daher den Namen »tomato catsup«.

Harry Heinz war es schließlich, der diese Soße mit dem neu entwickelten Rezept als Erster industriell herstellte. Der Heinz-Ketschup ist nach wie vor sehr begehrt und hat mittlerweile fast die ganze Welt erobert.

Wer erfand den Klettverschluss?

a) Im Weltall müssen alle Gegenstände am Raumanzug befestigt werden, sonst fliegen sie davon. Mit den großen und klobigen Handschuhen war das oftmals eine umständliche Fummelei. Daher entwickelte ein Astronaut der NASA auf der ISS den Klettverschluss. Mit ihm muss alles einfach nur noch angedruckt werden.

b) Die Klette ist ein Gewächs, das sich an Stoff festhakt – und ein Schweizer kam auf die Idee, diese Festhak-Methode zu kopieren. Lange untersuchte er Kletten unter seinem Mikroskop und konnte tatsächlich einen Verschluss entwickeln, der wie die Klette »zupackt«.

c) Eine Schneiderin und Mutter von vier kleinen Kindern hatte die Schuhbinderei satt. Voller Tatendrang setzte sie sich in jeder ruhigen Minute an ihren Arbeitsplatz und entwickelte Schritt für Schritt den Klettverschluss. Da es nur wenig ruhige Minuten im Leben einer Mutter gibt, brauchte sie 10 Jahre dafür. Doch die Mühe hat sich gelohnt. Mittlerweile ist sie mehrfache Millionärin. Ihr Name: Julia Klett.

richtig ist Antwort b)

Die Idee des Klettverschlusses hat ein Schweizer namens George Mestral der Natur abgeguckt. Als er nämlich in den Bergen wandern ging, hefteten sich jede Menge Kletten (kugelförmige Blüten einer Pflanze) an seine Hosenbeine. Da Mestral Erfinder war, war er von Haus aus neugierig und wollte unbedingt hinter das Geheimnis dieser Klebemethode kommen. Also nahm er die Kletten mit nach Hause und untersuchte sie unter seinem Mikroskop. Dabei entdeckte er, dass die dünnen Stacheln der Klette an ihren Spitzen winzige, bewegliche Häkchen haben. Und sobald sie in Kontakt mit Stoff kommen, haken sie sich an den kleinen Schlaufen des Stoffes fest. Die Pflanzen machen das, um sich möglichst weit verbreiten zu können.

Mestral arbeitete zehn Jahre lang daran, diese »Häkchen«-Methode zu kopieren. Er entwickelte zwei verschiedene Streifen, die zusammenhafteten, sobald man sie aneinander drückte. Denn auf der Oberfläche des einen Streifens waren klitzekleine Häkchen (wie bei der Klette) befestigt und auf der anderen Schlaufen (wie beim Stoff). Klar, dass die Klette für den Namen des neuen Verschlusses Pate stehen durfte. 1951 meldete er seine Entdeckung zum Patent an.

Wer erfand die Coca-Cola?

a) Coca-Cola ist ein Zufallsprodukt. Der 3-jährige Sohn des Limonadenverkäufers Jack Cokeman schüttete den braunen Zuckerrübensirup, den seine Mutter für einen Kuchen bereitstehen hatte, in das Limonadenglas seines Vaters. Bevor er schimpfte, probierte Cokeman das Gemisch. Er war begeistert, feierte seinen Sohn und wurde reich.

b) Die Farbigen in Afrika entwickelten im 17. Jh. das aufputschende Coca-Cola-Getränk aus der Colanuss, die im Süden Afrikas wächst. Das Getränk diente zum Wachbleiben während der rituellen Feste, die zum Teil bis zu 48 Stunden dauerten.

c) Ein amerikanischer Apotheker war immer eifrig darum bemüht, seinen Kunden neue Rezepturen anzubieten. So entwickelte er Schritt für Schritt ein sirupartiges Getränk mit dem Namen Coca-Cola, das er gegen Müdigkeit und Kopfschmerzen verkaufte.

richtig ist Antwort c)

Dr. John S. Pemberton, ein Apotheker in Atlanta, USA, war ständig auf der Suche nach neuen Rezepturen. So fing er 1885 an, Blätter der in Südamerika wachsenden Kokapflanze in Rotwein zu legen. Vom schlechten Absatz enttäuscht, änderte er ein Jahr später sein Rezept: Er ließ den Wein weg und fügte dem Getränk nun die koffeinhaltige afrikanische Kolanuss hinzu. Um den bitteren Geschmack zu mildern, mischte er Zucker und Aromastoffe bei.

Sein Partner Frank M. Robinson entwarf den bis heute unverändert gebliebenen Coca-Cola-Schriftzug. In den örtlichen Apotheken wurde das Getränk als »bewährtes Gehirntonikum« angeboten, das man pur oder mit Wasser verdünnt gegen Müdigkeit und Kopfschmerzen trinken konnte.

1887 verkaufte Pemberton das Rezept an Asa G. Candler. Dieser veränderte es, indem er dem Getränk kohlensäurehaltiges Wasser beimischte. Zusammen mit Frank Robinson als Partner gründete Candler 1892 die Coca-Cola-Company.

Bis 1903 stellten Candler und Robinson den Sirup alleine her – denn sie erkannten, dass die Geheimhaltung des Rezeptes das Getränk geheimnisvoller und dadurch erfolgreicher macht. Noch heute ruht das Rezept in einem Tresor der Trust Company of Georgia, USA. Es wird behauptet, dass nur die Direktoren des Unternehmens verfügen dürfen, wann und für wen der Tresor geöffnet wird.

Wer oder was ist Delphi?

a) »Delphi« ist der Name der griechischen Meeresgöttin. Das Wort »Delphin« wurde übrigens daraus abgeleitet, da die freundlichen Meeressäuger schon in der Antike vergöttert wurden.

b) Delphi war ein Kultort im antiken Griechenland. Die Stätte war vor allem wegen des Orakels berühmt, das den Pilgern die Zukunft voraussagte.

c) »Delphi« ist eine Kunstrichtung. Vor allem im Inselstaat Indonesien gab es schon immer die Vorliebe für Wassermotive. In der ersten Hälfte des 19. Jh. fehlte auf fast keinem Bild dieser Gattung ein Delphin. Daher gaben die Kunstwissenschaftler dieser Stilrichtung den Namen »Delphi«.

richtig ist Antwort b)

Der Legende nach ließ Zeus (in der griechischen Mythologie der höchste Gott) in grauer Vorzeit an beiden Enden der Welt jeweils einen Adler aufsteigen, um die Erde abzumessen. Dort, wo sie sich im Flug begegneten, sollte der Mittelpunkt der Erde sein. Und das war eine Stelle in Griechenland, wo daraufhin die Stadt Delphi errichtet wurde.

Delphi wurde der bedeutendste Kultort des antiken Griechenland und galt als der »Nabel der Welt«. Denn hier stand der berühmte Apollon-Tempel, in dem sich ein »Orakel« befand, das die Zukunft voraussagen konnte. Die weisesten Männer jener Zeit kamen an diesen Ort, um einen Ratschlag auf brennende Fragen zu erhalten.

Es hieß, dass eine Priesterin (»Pythia« genannt) die Fragen entgegennahm und die Antworten verkündete. Sie soll in unmittelbarem Kontakt mit dem Gott Apollon, dem Sohn des Zeus, gestanden haben.

In die Wände des Apollon-Tempels waren Worte aus antiker Zeit eingemeißelt, von denen die meisten auch heute noch von großer Bedeutung sind: Erkenne dich selbst. Alles ist Übung. Nutze die Zeit. Nichts im Übermaß. Eile mit Weile. Keiner entflieht dem Schicksal.

Wie wurde das Papiergeld erfunden?

a) In China gab es vor dem Papiergeld sehr schwere Eisenmünzen. Wer einen größeren Einkauf tätigen wollte, hatte ganz schön zu schleppen. Also kam man auf die Idee, Quittungen auszustellen, auf denen stand, wie viele Münzen der Käufer besaß. So musste er nur noch die Quittung und nicht mehr die Münzen herumschleppen.

b) Früher gab es viele verschiedene Zahlungsmittel, zumeist Dinge, die selten waren. Auf den Philippinen war das Papier. Zunächst war das Gewicht ausschlaggebend für den Wert, doch im 12. Jh. wurden Zahlen auf die Bögen gemalt. Diese Methode verbreitete sich schnell und erfolgreich.

c) Im Mittelalter gab es unter den Männern ein beliebtes Würfelspiel. Dabei ging es um Geld. Um sich jederzeit zu einem Spielchen niederlassen zu können, fertigten die Spieler kleine Wertscheine aus Papier an, denn nicht immer hatten sie genügend Münzen dabei. Diese Scheine gelten als die ersten Geldscheine der Welt.

richtig ist Antwort a)

Bevor es Münzen und Geldscheine gab, hatte jede Region auf der Welt ihr eigenes Zahlungsmittel. Zumeist waren es Dinge, die in dieser Region selten oder beliebt waren. In Äthiopien zahlte man z. B. mit Salz und in Tibet mit Tee. Auch Silber, Gold, Eisen und andere Metalle wurden als Zahlungsmittel verwendet. Daraus entstanden die Münzen.

So wurde zum Beispiel im 10. Jh. in China mit Eisenmünzen bezahlt. Wer etwas Wertvolleres kaufen wollte, hatte ganz schön zu schleppen, denn die Münzen waren schwer.

Da kam man auf die Idee, das unhandliche »Geld« sicher zu deponieren, z. B. im Keller eines Kaufmanns, denn Banken gab es zu dieser Zeit noch nicht. Der Kaufmann schrieb dem Besitzer dann eine Quittung. Auf der stand, wie viele Münzen er für ihn in seinem Keller aufbewahrte. Mit dieser Quittung konnte der Besitzer dann einkaufen gehen. Denn sie war wie eine Bestätigung, dass er tatsächlich so viel Geld besaß, nur eben nicht in der Hosentasche. Diese chinesischen Quittungen gelten als die ersten Geldscheine der Welt.

Der größte Geldschein, den es jemals gab, kam übrigens auch aus China. Er war 22,8 cm breit und 33 cm lang, also größer als eine DIN-A4-Seite.

Wer backte die erste Pizza?

a) Die Pizza kommt gar nicht aus Italien, sondern wurde von spanischen Seefahrern im 14. Jh. erfunden. Auf langen, stürmischen Überfahrten erwies sich diese Speise als sehr praktisch, denn alle verfügbaren Zutaten mussten nur auf den Teig gelegt und in den Ofen geschoben werden. So sparte man Töpfe, Teller und Besteck.

b) Ein italienischer Bäckergeselle schüttete aus Versehen Salz statt Zucker in eine riesige Schüssel Hefeteig. Damit vernichtete er die gesamte Tagesration. Aus Angst vor seinem Meister versuchte er den Teig zu retten. Spontan formte er Fladen und legte drauf, was er passend fand: Käse, Tomaten und Salami.

c) Mehrere Jahrhunderte vor Christus backten die Etrusker Teigfladen auf heißen Steinen. Sie wurden als essbare Teller benutzt, denn nach dem Backen belegten die Etrusker sie mit verschiedenen Lebensmitteln. Die Griechen kamen schließlich auf die Idee, den Fladen schon vor dem Backen zu belegen. So entstand die erste Pizza.

richtig ist Antwort c)

Angefangen hat die Geschichte der Pizza bei den Etruskern, die etwa 700–400 v. Chr. auf dem Gebiet des heutigen Norditalien lebten. Sie backten Teigfladen auf einem Stein in der Nähe ihres Feuers. Der Fladen wurde mit verschiedenen Lebensmitteln belegt und als essbarer Teller benutzt.

Die Griechen, die etwa zur gleichen Zeit im südlichen Teil des heutigen Italien lebten, kamen darauf, den Teigfladen nicht erst nach dem Backen zu belegen, sondern schon vorher. So entstand die erste Pizza. Viele Jahrhunderte lang war sie Hauptnahrungsmittel der armen Leute, denn die Zutaten waren billig und der Teig schnell hergestellt und gebacken.

Um 1830 war Pizza in Neapel äußerst begehrt. So wollte auch der italienische König Umberto I. mit Königin Margherita diese hoch gelobte Speise kennen lernen. Für die beiden kam es natürlich nicht infrage, mit dem niederen Volk zu essen. Also lieferte der Pizzabäcker Raffaele Esposito seine Pizza in den königlichen Speisesaal. Und um dem Königspaar seine Vaterlandsliebe zu zeigen, zauberte er eine Pizza in den italienischen Nationalfarben Rot, Weiß und Grün, indem er den Teig mit Tomaten, Mozzarella und frischem Basilikum belegte. Seitdem heißt diese Pizza: Pizza Margherita.

Wer erfand die Rollschuhe?

a) Rollschuhe kamen nur einige Monate nach der Einweihung des Frankfurter Flughafens (1949) auf den Markt. Der Grund: Die Wege, die man dort zurücklegen musste, waren viel zu lang. Thomas Sollborn, ein Kopilot, hatte die Nase voll vom vielen Laufen und bastelte sich eines Abends Rollen unter seine Schuhe. Am nächsten Tag war er der Star auf dem Gelände.

b) Als im Jahr 1760 der Winter vorüber war, war der Belgier Joseph Merlin traurig über das Ende der Schlittschuhsaison. Also montierte er unter seine Schlittschuhe kurzerhand ein paar Räder, fertig waren die ersten Rollschuhe.

c) Die Idee der Rollschuhe ist uralt. Schon im antiken Theater in Griechenland trugen viele Nebenschauspieler Rollen unter den Sandalen. Die griechischen Tragödien waren nämlich äußerst lang und durch die rollenden Schuhe verschwendeten die Schauspieler bei ihren Auf- und Abtritten nicht so viel Zeit.

richtig ist Antwort b)

Der Belgier Joseph Merlin liebte es, im Winter Schlittschuh zu fahren. Im Sommer dagegen vermisste er seinen Lieblingssport. Da kam ihm eines Sommertages eine Idee: Er montierte unter jeden Schuh jeweils zwei kleine Metall-Rädchen hintereinander an die Kufen! Das war im Jahre 1760.

Als er damit auf einem Maskenball am Londoner Königshof erschien, staunten die Gäste nicht schlecht. Geige spielend rollte er in den Saal! Nur leider hatte Joseph eine wichtige Sache vergessen: die Bremsen! So rauschte er in einen großen Spiegel, der mit lautem Getöse zerbrach ...

Die einspurige Variante, also die Modelle, bei denen die Räder in einer Reihe am Schuh befestigt sind (»Inline-skates«) geriet dann für lange Zeit in Vergessenheit. Ein New Yorker namens James Leonard Plimpton entwickelte Schuhe mit vier Holzrädern, zwei vorn und zwei hinten. Diese Rollschuhe wurden so beliebt, dass für den neuen Freizeitsport sogar extra Hallen und Tanzsäle gebaut wurden. Das war auch nötig, denn die Straßen waren ja damals nicht asphaltiert und auf Schotter oder Kopfsteinpflaster macht es bekanntlich nicht sehr viel Spaß, Rollschuh zu fahren.

Ungefähr 200 Jahre nach der Geburt der Rollschuhe, also im Jahr 1960, wurde die Inline-Idee wieder aufgenommen.

Wer hat die Pommes erfunden?

a) Die sechs Teilnehmer einer Wüstenkarawane betrachteten bei 55 °C ihre letzte Speise: eine Kartoffel. Sie hatten sich verlaufen und standen kurz vor dem Hungertod. Da sie Freunde waren, teilten sie die Kartoffel in sechs gleich große Stücke. Die warfen sie in einen kochend heißen Wüsten-Ölsee. Frisch gestärkt von den ersten Pommes der Welt erreichten sie einen Tag später lebend ihr Ziel. Das war 1731.

b) In Deutschland gab es mal einen König namens Fritz (sein Spitzname lautete: Friedrich der Große). Er war berühmt für seine Kochkünste. Am liebsten erfand er neue Gerichte. So auch am 6. April 1743, als er Kartoffelschnitzelchen in heißes Öl warf. Das war ein voller Erfolg und das neue Nationalgericht wurde »Pommes Fritz« genannt.

c) Die Belgier liebten frittierten Fisch. Doch in einem bitterkalten Winter waren die Seen so zugefroren, dass sie ihre Fische nicht angeln konnten. Da schnitt ein einfallsreicher Gastwirt Kartoffeln in kleine Fischformen und schmiss sie ins Öl. Damit erfand er die Pommes frites.

richtig ist Antwort c)

Es soll um das Jahr 1680 herum in Belgien gewesen sein. Ein harter Winter lag über dem Land und ließ alles zu Eis erstarren. Die Seen und sogar die Flüsse waren zugefroren und so kamen die Belgier nicht mehr an ihre Leibspeise heran: kleine, fingerlange Fischchen, die sie am liebsten aßen, wenn sie in Öl gebacken waren, denn dann waren sie herrlich knusprig. Missmutig saßen die Belgier in den Wirtshäusern und ihre Mägen knurrten ...

... bis schließlich einem Gastwirt die rettende Idee kam: Er holte Kartoffeln aus dem Keller, schälte sie und schnitt sie in dicke Streifen, sodass sie eine ähnliche Form wie die kleinen, beliebten Fischchen hatten. Dann frittierte er die Kartoffelstäbchen – wie vorher die Fischchen – in heißem Öl und servierte sie seinen Gästen. Das war ein voller Erfolg! Den Leuten schmeckten die frittierten Kartoffeln sogar noch besser als die Fische.

Übrigens: Kartoffeln heißen in Belgien »pommes de terre« (Erdäpfel). Daher nannten die Belgier die frittierten Kartoffeln »pommes frites« (gebratene Erdäpfel).

Wo kommt die Schokolade her?

a) Vor über 3000 Jahren tranken schon die Indianer Schokolade. Die schmeckte zwar ganz anders als der Kakao, den wir heute kennen, aber eine wichtige Zutat ist geblieben: die Kakaobohne. Erst 1849 gab es neben dem Getränk auch die Tafel Schokolade. Und dank Lindts »Zartmach-Maschine« schmeckt sie seit 1879 auch richtig lecker.

b) Die Schokolade haben die südafrikanischen Bienen »erfunden«. Sie schwirren um die Kakaobohnenpflanzen wie andere Bienen um die Blumen. Und in ihren Nestern verwandelt sich der Blütenstaub eben nicht in Honig, sondern in sämige Schokolade. Seit 1952 wird die Schokolade allerdings vorwiegend industriell hergestellt.

c) Als 1899 der Schatz des verstorbenen Piraten Spoons gehoben wurde, fand man neben all dem Gold und Schmuck auch einen Sack mit Medikamenten. Darin war unter anderem eine Tafel Schokolade. »Nervennahrung« stand auf dem Papier, in dem sie eingewickelt war. Es dauerte zwei Monate, bis man die Zutaten herausfand und die »Medizin« erfolgreich auf den Markt brachte.

richtig ist Antwort a)

Die ersten Menschen, die Kakao und Schokolade kannten, waren die Olmeken, ein Indianervolk, das vor über 3000 Jahren in Mittelamerika lebte. Die Mayas und die Azteken übernahmen das Rezept: Sie mischten die gerösteten und gemahlenen Kakaobohnen mit heißem oder kaltem Wasser. Und damit sich der schon damals begehrte Schaum oben bildete, wurde die Flüssigkeit immer wieder von einer Schale in die andere gegossen.

Das Getränk glich überhaupt nicht dem süßen Kakao, wie wir ihn heute kennen. Es war bitter und wurde mit Pfeffer oder Chilipulver, mit Vanille, Honig oder Rosenwasser gewürzt. Die Indianer nutzten den Kakao auch als Zahlungsmittel und zur Herstellung von Medikamenten.

Nach der Entdeckung Amerikas fand die Trinkschokolade ihren Weg nach Europa. Hier wurde sie lange Zeit nur als Medizin verkauft – gegen Fieber und Bauchweh. Schließlich war das Getränk auch ziemlich bitter. Erst als Rohrzucker dazugemischt wurde, verwandelte sich die bittere Medizin in ein beliebtes Genussmittel.

Nach vielen Experimenten und Erfindungen gab es 1849 in Birmingham die erste feste Tafel Schokolade. Dank Rudolphe Lindt ist sie ab 1879 richtig lecker geworden. Er baute eine Maschine namens »Conche«, welche die Schokoladenmasse stundenlang schlägt und dadurch zart macht.

Warum heisst Sydney Sydney?

a) Sydney Drake hieß der Entdecker Australiens. Größenwahnsinnig, wie er war, wollte er, dass der ganze Kontinent nach ihm benannt wurde. Aber sein Vorgesetzter, der britische König, gestand ihm nur diese eine Stadt zu.

b) Bevor die Briten Australien besiedelten, hieß das Gebiet rund um die heutige Stadt Sydney: »Sit nee yoon«. Das ist die Sprache der Ureinwohner, der Aborigines, und heißt auf Deutsch: »Ort der Ruhe«. Die Briten übernahmen den Klang des Namens und machten daraus: »Sydney Town«.

c) Als britische Seefahrer Australien entdeckten, wussten die Briten nicht so recht, was sie mit diesem Land anfangen sollten. Da kam ein Lord namens Sydney auf die Idee, die Bettler, Arbeitslosen und Sträflinge Großbritanniens in das ferne Land zu schicken. Das fanden alle gut. Zum Dank wurde die größte Stadt nach ihm benannt.

richtig ist Antwort c)

Australien wurde im 18. Jh. von englischen Seefahrern entdeckt und sofort von den Briten in Beschlag genommen. Doch was sollten sie nun mit diesem riesigen Land anfangen? Großbritannien wollte mithilfe dieses Kontinents seine Macht vergrößern, aber keiner wollte freiwillig dorthin. Schließlich war es weit weg von der Heimat, die Reise viel zu gefährlich und die Zukunft dort ungewiss.

Ein Lord namens Sydney kam dann auf die rettende Idee: England sollte die Bettler, die Arbeitslosen und die Sträflinge, kurzum: das »ganze Gesindel« (wie Lord Sydney sich ausdrückte) nach Australien schaffen. Damit hätte Großbritannien zwei Fliegen mit einer Klappe geschlagen: Die, die dem Staat auf der Tasche lagen, war es los, und wer überlebte, diente damit indirekt seinem Land.

Gesagt, getan: Die Überfahrt dauerte acht Monate und war so strapaziös, dass jeder Achte starb. Am 26. Januar 1788 legten die Schiffe an der australischen Küste an und zu Ehren des Mannes, der die Idee hatte, Australien mit den Armen und Gefangenen der britischen Inseln zu besiedeln, gab man dem Landeplatz den Namen »Sydney Town«. Dies war die Geburtsstunde der heute größten Stadt Australiens.

Warum gibt es Teddybären?

a) Ein Bärenjäger aus dem 19. Jh. stopfte all seine erlegten Bären aus und sammelte sie in einer Blockhütte. Als eines Tages ein Geschäftsmann mit seiner Familie in diese Hütte kam, waren die Kinder begeistert! Dank seines Geschäftssinns erkannte der Vater sofort die Chance und ließ die ersten Plüschbären der Welt anfertigen.

b) Der amerikanische Präsident Theodore Roosevelt – genannt »Teddy« – sollte ein Bärenjunges erlegen, doch das brachte er nicht übers Herz. Eine Zeitung zeigte diese Szene mit der Überschrift: »Teddy's Bear«. Dieses Bild machte den kleinen Bären zur Symbolfigur des Präsidenten und sofort wurde ein Plüschtier daraus gemacht.

c) Der Filmschauspieler Charlie Chaplin schlief in seinem Film »Goldrausch« als erwachsener Mann mit einem Stoffbären im Bett. Da Chaplin zu dieser Zeit der berühmteste Schauspieler der Welt war, kam zeitgleich zum Film auch der Stoffbär auf den Markt. Chaplin gab ihm selbst den Namen »Teddy«.

richtig ist Antwort b)

Alles begann im November 1902, als der amerikanische Präsident Theodore Roosevelt auf Bärenjagd ging.

Den Treibern gelang es allerdings nicht, einen großen Bären vor die Büchse des Präsidenten zu scheuchen. Da aber der Präsident nun einmal zu dieser Jagd eingeladen worden war, wollten die Gastgeber ihn nicht ohne eine Trophäe gehen lassen. Also banden sie einen kleinen Bären an ein Seil und riefen: »Ein Bär, ein Bär!« Roosevelt eilte herbei und sah das bedauernswerte »Opfer«.

An derart leichten Siegen fand der Präsident keinen Gefallen. Statt auf den Bären zu schießen, sagte er: »Wenn ich diesen kleinen Bären töte, könnte ich meinen Kindern nie wieder in die Augen sehen!«

Der Pressezeichner Barryman zeichnete diese Szene und veröffentlichte sie in der »Washington Post«. Da Roosevelt von seinen Freunden »Teddy« genannt wurde, lautete die Überschrift in der Zeitung »Teddy's Bear« – auf Deutsch: Teddys Bär.

Durch den Zeichner Barryman wurde der kleine Bär zur Symbolfigur des Präsidenten Roosevelt. Innerhalb nur eines Jahres verwandelte sich der gezeichnete Bär in ein Spielzeug für Kinder, den Teddybären.

Wer erfand die Turnschuhe?

a) Schuhe gibt es schon seit ewigen Zeiten, allerdings waren sie früher hart und unbequem. Erst als der Amerikaner Charles Goodyear durch einen Zufall einen Trick herausfand, wie man Gummi biegsam und haltbar macht, kam der erste Turnschuh auf den Markt.

b) Diese Frage wird wohl für immer unbeantwortet bleiben aufgrund des berühmten »ostfriesischen Turnschuhs«. Er ist eines der sieben Weltwunder. Erst 1911 fand man in Ostfriesland eine Moorleiche, die 2000 Jahre im Moor konserviert war. Sie trug Turnschuhe, obwohl es damals nirgendwo auf der Erde derartiges Schuhwerk gab.

c) Den ersten Turnschuh hat ein afrikanischer Langstreckenläufer entwickelt. Er plante, sieben Tage nonstop durch die Wüste zu laufen. Bis zu diesem Zeitpunkt waren alle Schuhe noch viel zu schwer für ein solches Vorhaben. Den Turnschuh entwickelte er mit Erfolg, den Lauf schaffte er allerdings nicht, da er sich eine Woche vor dem Start beim Training den Knöchel brach.

richtig ist Antwort a)

Schuhe wurden erst bequem und belastbar, als man lernte, Gummi richtig zu verarbeiten. Und das kam so:

Im Sommer 1834 betrat Charles Goodyear in New York ein Gummigeschäft. Der Filialleiter des Ladens beklagte sich über die Hitze, die seine Gummiprodukte zu einer übel riechenden, klebrigen Masse zusammenschmelzen ließ.

Goodyear, der ziemlich pleite war, witterte eine Geschäftsidee und fing an zu tüfteln. In einer Pfanne erhitzte er Kautschuk (gummiartiger Milchsaft von tropischen Pflanzen) und walzte ihn platt. Nach dem Abkühlen formte er aus dem Fladen Schuhe für seine Kinder. Doch im Winter waren sie steif wie Stein und in der Sommerhitze wurden sie sofort weich und flossen auseinander.

Als Goodyear einem Händler seine Kautschukmischung vorstellen wollte, machte dieser sich über das Produkt lustig. Erbost schwenkte Goodyear die Mischung durch die Luft und sie landete auf dem glühend heißen Ofen. So hoch hatte Goodyear sie noch nie erhitzt, und als er die Masse vom Ofen kratzte, stellte er fest, dass der Teil, der nicht zu sehr verbrannt war, exakt zu dem Gummi wurde, das er sich immer gewünscht hatte: Es blieb bei Kälte biegsam und in der Wärme schmolz es nicht. Bald darauf kamen die ersten Turnschuhe auf den Markt – aus Stoff mit Gummisohle.

Wie kam das Sandwich zu seinem Namen?

a) Im späten 19. Jh. war es bei den Reichen und Adligen modern, sonntags mit einem Picknickkorb aufs Land zu ziehen. So kam es, dass sich zwischen die Lebensmittel oft Erde oder Sand mischte. Daher wurde die zusammengeklappte Brotstulle Sandwich genannt.

b) Ein englischer Lord namens »Earl of Sandwich« liebte das Kartenspiel. Um es nicht unterbrechen zu müssen und vor allem auch um die Karten nicht zu beschmutzen, bat er sein Dienstmädchen eines Tages, das Essen zwischen zwei Brotscheiben zu legen.

c) Der Name stammt aus Japan. Dort gibt es ein traditionelles Gericht, bei dem roher Fisch oder rohes Gemüse mit Reis in Reisblätter gerollt wird. Wird Fleisch verwendet, nennen die Japaner diese spezielle Rolle: »San-yik«. Die Amerikaner haben das Rezept stark abgeändert und den Namen »amerikanisiert«.

richtig ist Antwort b)

Ein Sandwich ist ein Nahrungsmittel, das aus zwei Scheiben Brot mit verschiedenen Füllungen besteht. Erfunden wurde es von John Montagu, dem so genannten Earl (Lord) of Sandwich.

Montagu lebte im England des 18. Jh. und war ein leidenschaftlicher Kartenspieler. Nicht einmal zum Essen wollte er sich vom Kartentisch erheben. So befahl er seinem Dienstmädchen, das Essen zwischen zwei Brotscheiben zu legen. Das hatte zwei Vorteile: Er musste das Spiel nicht unterbrechen und die Karten bekamen keine Fettflecken. Seine Mitspieler verlangten daraufhin ebenfalls ein »Brot wie Sandwich«.

Diese neue Essenskultur erreichte sofort einen hohen Beliebtheitsgrad in London!

Übrigens: Als Kapitän James Cook die hawaiischen Inseln entdeckte, nannte er sie nach genau diesem Earl of Sandwich. Daher heißen die Inseln auch die »Sandwich-Inseln«.

Wie sah der erste Staubsauger aus?

a) Der erste Staubsauger wurde auf einem vierrädrigen Wagen von Pferden gezogen. Er war so groß, dass er nicht in die Häuser passte. Also wurde er davor abgestellt. Den Staub pumpte man mithilfe eines 240 Meter langen Schlauchs und einer Saugpumpe aus dem Haus nach draußen in einen großen Behälter.

b) Der erste Staubsauger der Welt war etwa so groß wie ein heutiger Föhn. Er wurde 1911 von einem Schweizer entwickelt. Mit einer Kurbel an der Seite konnte der Staub aus den Ecken in einen kleinen Behälter gepumpt werden.

c) Der erste Staubsauger ähnelte einem Dudelsack. Zunächst musste ein Blasebalg platt gedrückt werden, damit die Luft entwich. Sobald man losließ, saugte er geräuschvoll wieder Luft ein – und mit ihr auch den Schmutz. Nach jedem Vorgang musste der Balg geleert werden, sonst wäre der Schmutz mit dem nächsten Zusammendrücken wieder rausgewirbelt worden.

richtig ist Antwort a)

Der Engländer Hubert Cecil Booth saß eines Abends mit Freunden in einem Lokal und zeigte ihnen, wie man am besten lästigen Staub verschwinden lässt. Anstatt ihn hochzublasen, müsse man ihn einsaugen. Er legte sein Taschentuch auf die staubige Tischplatte, legte seinen Mund darauf und saugte. Zurück blieben ein sauberer Tisch, ein dreckiges Taschentuch und ein Hustenanfall. Er hatte also Recht!

Das war nur der Anfang. Denn bald darauf baute Booth den ersten Staubsauger, eine so genannte »Entstaubungspumpe«. Das war 1901. Diese Pumpe war ein wahres Ungetüm. Sie musste auf einem Wagen von Pferden gezogen werden. Die Saugpumpe wurde wahlweise von einem Benzinmotor oder elektrisch angetrieben. Der Wagen fuhr zu dem Haus des Kunden und der Staub und Schmutz aus der Wohnung wurde mit einem 240 Meter langen Schlauch direkt in einen Sammelbehälter nach draußen auf den Wagen gesaugt. Diese aufwendige Prozedur war ein teures Spektakel und daher nur für reiche Leute.

Als Booth bemerkte, wie fasziniert seine Kunden von seiner Erfindung waren, baute er Modelle mit durchsichtigen Rohren ein, damit man den Weg des geschluckten Staubes verfolgen konnte.

Gab es Dracula wirklich?

a) Graf Dracula gab es nicht nur, es gibt ihn noch bis zum heutigen Tag, denn Vampire sind unsterblich. Dies ist auch der Grund für die große Völkerwanderung Mitte des 18. Jh. in Rumänien, denn alle flohen aus Draculas Reich. Man nimmt an, dass er sich mittlerweile ausschließlich nur noch von Tierblut ernährt.

b) Graf Dracula gab es tatsächlich. Und zwar vor über 500 Jahren. Als vor 105 Jahren das Buch über den Vampir erschien, gruben Mediziner Leichen aus der Zeit aus und untersuchten sie. Dabei fand man tatsächlich – vorzugsweise bei jungen Frauen – die typischen Bissspuren am Hals und an den Schultern.

c) Es gab tatsächlich einen Herrscher, der den Beinamen »Dracula« trug. Allerdings war er kein Vampir, sondern »nur« ein blutrünstiger Fürst. Wahrscheinlich hat ihn sich der Autor Bram Stoker als Vorbild für seinen Romanhelden »Dracula« genommen.

richtig ist Antwort c)

Vampire sind schaurige Gestalten! Tagsüber schlafen sie in Särgen, denn sobald sie mit Tageslicht in Berührung kommen, zerfallen sie zu Staub. Um Mitternacht steigen sie dann aus ihren Gräbern und gehen auf Jagd nach frischem Blut. Weiterhin heißt es, dass man sich Vampire mit Knoblauch vom Leib halten kann. Töten kann man sie, indem man ihnen einen spitzen Pfahl ins Herz rammt.

Dracula ist der berühmteste Vampir der Welt. Er wurde von dem irischen Schriftsteller Bram Stoker vor mehr als 100 Jahren erfunden.

Es gab allerdings vor über 500 Jahren tatsächlich einen Menschen, der als Vorbild für diesen Romanhelden gilt. Der war weder ein Vampir noch ein Graf, sondern ein grausamer Fürst in der Walachei im heutigen Rumänien.

Sein eigentlicher Name war Fürst Vlad III. Tepes. Seinen berühmten Beinamen »Dracula« verdankte er seinem Vater Vlad Dracul, der dem »Drachenorden« angehörte. »Dracula« heißt auf Rumänisch »kleiner Teufel«, der Name passte also bestens. Und »Tepes« ist die Mehrzahl von »Pfahl«. Diesen Namen trug Vlad sicher zu Recht, denn seine Gefangenen und Feinde ließ er auf lange Pfähle spießen, um sie zu töten.

Wer hat die Fischstäbchen erfunden?

a) Die Engländer wollten unbedingt, dass ihre Kinder mehr Fisch aßen. Aber die mochten die Haut und die Gräten nicht. Also kam eine Tiefkühlkost-Firma auf die Idee, Fische so herzurichten, dass sie garantiert nicht mehr nach Fisch aussahen. Heraus kamen die Fischstäbchen.

b) In den britischen Gefängnissen gab es immer nur Fisch, denn den gab es auf der Insel im Übermaß. Als sich am 3. Oktober 1973 die Insassen darüber beschwerten, beschloss die Gefängnisleitung, den Fisch weiterhin zu servieren, ihn aber unkenntlich zu machen. Also wurden die Fischstäbchen erfunden. Die Rechnung ging allerdings nicht auf: Es kam noch am gleichen Tag zur größten Gefängnisrevolte Englands.

c) Fischstäbchen sind gar keine Erfindung. Es sind Süßwasser-Gebirgsfische aus Japan. Durch die Kälte legte sich der Fisch im Laufe der Evolution den schmackhaften »Mantel« zu. Und die für einen Fisch ungewöhnlich eckige Form hat er vermutlich, weil die japanische Unterwasserwelt entsprechend eckige und kantige Nischen als Nist- und Ruheplätze bietet.

richtig ist Antwort a)

Die Fischstäbchen wurden 1955 in England erfunden. Die Engländer wollten nämlich gerne, dass ihre Kinder mehr Fisch aßen, denn Fisch galt als besonders gesund. Da gab es nur ein großes Problem: Die meisten Kinder ekelten sich vor der Fischhaut und vor allem vor den Gräten.

In der Tiefkühlkost-Firma »Birds Eye« kam man schließlich auf einen glorreichen Gedanken: Wenn der Fisch nicht nach Fisch aussähe, würden ihn die Kinder vielleicht essen.

Also entgräteten sie die Fische vollständig und pressten das Fleisch in eine Stäbchenform. Diese Stäbchen umhüllten sie mit einem Teig – und fertig waren die Fischstäbchen. Es war wirklich gar nichts Fischähnliches mehr an ihnen zu erkennen und es gab weder Haut noch Gräten.

Die Engländer haben tatsächlich ihr Ziel erreicht: Ihre Kinder aßen Fisch! Heute gehören die Fischstäbchen bei vielen Kindern rund um den Globus zu den Lieblingsspeisen.

Wie kam der Hotdog zu seinem Namen?

a) Die amerikanische Tierärztin Carry Flat eröffnete neben ihrer Tierpraxis einen medizinischen »Imbiss« für Tiere und verkaufte unter anderem heiße Würste an Hunde. Sie hat nämlich herausgefunden, dass die Würste sich beruhigend auf den verstimmten Hundemagen auswirkten. Diese »Medizin« nannte sie »Hot for Dog«. Der Name wurde von Betreibern von Imbissbuden für Menschen übernommen und ein wenig gekürzt.

b) Ein Karikaturist aus England veröffentlichte in seiner Zeitung ein Bild, in dem er anstelle der Wurst einen länglichen Dackel zwischen zwei Brötchenhälften zeichnete. Die Überschrift lautete: »Hot Dog« (auf Deutsch: »heißer Hund«).

c) In den ärmeren Gebieten Südamerikas war es noch Mitte des letzten Jahrhunderts gebräuchlich, Hundefleisch zu essen. Vor allem auf Märkten wurde das heiße Fleisch zwischen zwei Brothälften verkauft.

richtig ist Antwort b)

»Hot Dog« ist Englisch und heißt auf Deutsch »heißer Hund«. Was aber hat dieses längliche, weiße Brötchen – mit einer Wurst, Ketschup und Zwiebeln zwischen den Hälften – mit dem Tier zu tun? Ganz einfach:

Um die Zeit der Jahrhundertwende kam der New Yorker Würstchenverkäufer Henry M. Stevens auf die Idee, die roten, heißen, fettigen Frankfurter Würstchen in längliche Brötchen zu packen. Er nannte sie »Red Hots«, denn sie waren »rot« (wohl eher rötlich) und »heiß«. Diese unkomplizierte, schnelle Zwischenmahlzeit wurde sehr beliebt.

Während eines Polospiels beobachtete ein Karikaturist namens Tad einen Red-Hots-Verkäufer und zeichnete daraufhin einen Dackel, der in einem Brötchen steckte und dem Frankfurter Würstchen sehr ähnlich sah. Am nächsten Morgen war die Zeichnung in der Zeitung zu bewundern und sie trug den Titel: »Hot Dog«.

Was ist das Besondere an der Stadt Pompeji?

a) Pompeji ist eine japanische Stadt, in der nur Kinder leben. Sie wurde 1985 eingerichtet mit dem Ziel, Kinder zu mehr Selbstdisziplin zu erziehen. Zunächst als einjähriges Versuchsprojekt geplant, gibt es diese Stadt noch heute Und anscheinend mit Erfolg, denn die Japaner gelten als äußerst diszipliniert.

b) Im Jahr 79 n.Chr. brach ein Vulkan aus und innerhalb von Minuten wurde Pompeji unter einer Lavaschicht begraben und mit ihr alle Bewohner. Dadurch wurde der Alltag einer solchen römischen Stadt regelrecht »eingebrannt« und die Archäologen konnten bei den Ausgrabungen sehr viel über das damalige Leben erfahren.

c) Pompeji ist die höchstgelegene Stadt der Welt. Sie liegt 4573 Meter hoch im Himalajagebirge. Die dort lebenden Menschen haben sich an die sauerstoffarme Luft gewöhnt, Besucher können sich allerdings nur mit Sauerstoffgeräten in dieser Stadt aufhalten.

richtig ist Antwort b)

An einem heißen Augusttag im Jahr 79 n. Chr. brach der Vulkan Vesuv aus. Innerhalb von wenigen Minuten wurde die Stadt Pompeji in Süditalien unter einer dicken Lavaschicht begraben.

Makaber, aber wahr: Diese Katastrophe war ein Glücksfall für die Archäologie. Denn durch den plötzlichen Vulkanausbruch wurden ganz gewöhnliche Alltagsszenen dieser römischen Stadt in die Lava gegossen und festgehalten: Teller standen auf dem Tisch, Gläser waren noch nicht ausgetrunken, Brote waren noch im Backofen, Tiere liefen durch die Gassen. Und die Menschen saßen ängstlich zusammengekauert in den Ecken ihrer Häuser.

Durch die Ausgrabungen von Pompeji haben wir sehr viel über das Leben der Römer erfahren. Wir wissen sogar, was sie damals, an diesem Tag im August, unter anderem gegessen haben: Brot, Haselmäuse und eine Fischsoße, die aus den Innereien von Fischen gemacht wurde. Sie hieß »Garum« und diente als Gewürz für alles Mögliche, vergleichbar mit dem heutigen Maggi oder Ketschup.

Wie wurde der Kaugummi erfunden?

a) Den ersten Kaugummi entwickelten Astronauten 1987 in der russischen Raumstation »Mir«. Immer wenn ein Astronaut ins Weltall flog, hatte er Probleme mit dem Luftdruck. Man fand heraus, dass Kauen half, den Überdruck in den Ohren auszugleichen.

b) Dem Australier Bob Chewing ging es bei der Erfindung des Kaugummis nicht um das Kauen, sondern um das Blasenmachen. In seiner Autobiografie schrieb er: »Ich blieb immer ein Kindskopf und heckte bis ins hohe Alter Streiche aus – mein größter war die Erfindung des Kaugummis. Ich wollte etwas Unsichtbares finden, dass im Schulunterricht Lärm machte, und ich fand es!«

c) Schon die Griechen kauten Harz von den Bäumen. In Amerika wurde dann der Geschmack durch allerlei Zutaten verfeinert und Mr. Wrigley schaffte es schließlich, den Kaugummi unter das Volk zu bringen.

richtig ist Antwort c)

Kaugummi kauen ist eine uralte Sache. Schon von den Griechen ist bekannt, dass sie in der Antike Harz von bestimmten Bäumen kauten. Und in Mexiko kaute man »Chicle«, einen milchigen Saft, der sich verdickt ideal zum Kauen eignete.

1870 begann der Amerikaner Thomas Adams mit dieser recht harten und geschmacklosen Kaumasse zu experimentieren. Er mischte Zucker, Vanillin, Pfefferminzöl und andere Öle dazu und verkaufte sie in Form von kleinen Bällchen.

Anscheinend war Adams aber kein besonders guter Geschäftsmann, denn es dauerte noch weitere 20 Jahre, bis ein anderer Mann den Kaugummi, wie wir ihn heute kennen, erfolgreich unter die Leute brachte: Mr. William Wrigley. Er handelte ursprünglich mit Seife. Doch das Geschäft lief schlecht, also bot er seinen Kunden Backpulver als Zusatzgeschenk an. Und das funktionierte: Die Leute kauften seine Seife wegen des Backpulvers. So entschloss sich Wrigley, ins Backpulvergeschäft einzusteigen. Auch hier gab er den Käufern eine Gratis-Zugabe mit, nämlich zwei Päckchen Kaugummi. Und es passierte das Gleiche: Die Käufer waren mehr an dem Kaugummi interessiert als am Backpulver. Daraufhin stieg Wrigley ins Kaugummigeschäft ein. Und das mit großem Erfolg. Wrigleys Kaugummis sind auch heute noch weltweit zu kaufen.

Wer erfand die Kartoffelchips?

a) Als einem Gast in einem amerikanischen Restaurant die Pommes frites zu grob geschnitten waren, schnippelte George Crum, der Koch, sie feiner. Das musste er mehrere Male wiederholen, denn der Gast blieb unzufrieden. Schließlich schnitt Crum die Kartoffeln aus Ärger so dünn, dass der Gast sie nicht mehr auf die Gabel spießen konnte. Die Kartoffelchips waren geboren.

b) Kartoffelchips gibt es schon lange. Sie waren – und sind es übrigens noch immer – ein traditionelles Gericht in den Bergen Nepals. Aus den Überlieferungen der Bergbauern weiß man, dass Kartoffelchips dort schon im 10. Jh. zu Gemüse und Fleisch gegessen wurden.

c) Im 18. Jh. legten sich die Damen rohe, dünn geschnittene Kartoffelscheiben auf die Augenlider, um der Fältchenbildung entgegenzuwirken. Besonders reiche Damen nahmen anschließend noch ein Ölbad. Eines Tages schüttete eine experimentierfreudige Angestellte die Kartoffeln in das Öl und erhitzte es. Obwohl ihre Herrin über das Zufallsprodukt äußerst entzückt war, schmiss sie die Arme raus.

richtig ist Antwort a)

Im Sommer 1853 war George Crum, ein Amerikaner mit indianischer Abstammung, als Koch in einem vornehmen Ferienhotel in New York beschäftigt. Auf der Speisekarte des Hotelrestaurants standen Pommes frites. Wie jeden Tag schnitt Crum also die Kartoffeln in dicke Stäbchen.

Doch plötzlich beschwerte sich ein Gast, die Pommes frites seien zu dick, und ließ seinen Teller zurückgehen. Crum machte eine neue Portion mit dünneren Stäbchen, doch auch diesmal war der Gast unzufrieden. Darüber war der Koch schließlich so verärgert, dass er sich an dem Gast rächen wollte. Crum schnitt die Kartoffeln derart dünn und frittierte sie so knusprig, dass der Gast sie nicht mehr mit der Gabel aufspießen konnte. Doch statt sich jetzt erst recht zu ärgern, war der Gast völlig begeistert über die gebräunten, hauchdünnen Kartoffelscheiben. Noch am selben Tag entpuppte sich das neue Gericht als Sensation, denn sofort wollten auch andere Gäste Crums Kartoffelchips haben.

Nach einiger Zeit eröffnete Crum sehr erfolgreich sein eigenes Restaurant. Seine Spezialität: Kartoffelchips.

Was wird aus Elefantenkot hergestellt?

a) Elefantenkot ist zunächst einmal gut für die Bauern, denn er ist ein hervorragendes Düngemittel. Außerdem kann man mit den Gasen des Kots Strom erzeugen und zu guter Letzt sogar noch Papier herstellen.

b) Erst 2001 fanden Wissenschaftler heraus, dass man aus frischem Elefantenkot eine Salbe gegen Hautprobleme herstellen kann. Menschen, die zu blauen Flecken neigen oder deren Wunden extrem langsam verheilen, kann mit der neuen Elefantenpaste geholfen werden. Die Dickhäuter scheiden nämlich über den Kot ein hautschützendes Enzym aus.

c) Elefantenkot ist hellgrau und wird für die Schulen in Indien und Afrika zu Kreide verarbeitet. Getrocknet und gepresst dient er hervorragend als Schreibwerkzeug.

richtig ist Antwort a)

Zunächst einmal sind Elefantenäpfel ein wunderbares Düngemittel für die Felder der afrikanischen und indischen Bauern. Aber das ist noch nicht alles:

In einer Elefantenstation nördlich von Bangkok (Thailand) zum Beispiel wird durch die Gärung des Elefantenkots ein natürliches Gas hergestellt, das Strom erzeugt. Diese Art von Energieerzeugung gibt es auch auf einigen Bauernhöfen in Deutschland. Hier wird allerdings der Kot von Rindern verwendet. Das ist aber immer noch nicht alles:

Der Dung der Dickhäuter eignet sich zusätzlich zur Herstellung von Papier. Kaum zu glauben, aber wahr. Dort in Thailand hat man tatsächlich festgestellt, dass die faserigen Überreste des Kots – also nachdem das Gas entwichen und der Strom erzeugt wurde – zur Herstellung von Papier verwendet werden kann.

Damit lösen die Thailänder das tägliche Entsorgungsproblem der Station sehr sinnvoll: Ihre 40 Elefanten produzieren nämlich pro Tag zwischen 1500 bis 2000 Kilogramm Dung.

Und ein Versprechen betonen die Wissenschaftler deutlich: Das Papier ist garantiert geruchsfrei!

Wer erfand das einmachen von Speisen?

a) Eine Hausfrau aus Portugal erhitzte eine große Menge selbst geerntetes Gemüse, füllte es in ein Glas und verschloss es. Sie wollte es Freunden mitbringen, vergaß es aber. Als sie nach sechs Tagen zurückkam, staunte sie, denn das Gemüse war noch frisch.

b) Da die französischen Soldaten im Krieg wenig zu essen hatten, setzte Napoleon einen Preis für denjenigen aus, der eine Methode entwickelte, Speisen so zu verpacken, dass sie möglichst lange frisch blieben. Einen Zuckerbäcker spornte das an: Er experimentierte, fand eine Lösung und kassierte das Geld.

c) Goethe, der berühmte Schriftsteller, ging gerne auf Wanderschaft. Seine Köchin packte ihm Proviant ein, der allerdings nach spätestens zwei Tagen ungenießbar wurde. Darüber war Goethe stets unzufrieden, also entwickelte er mit seinem berühmten Forscher-Freund Albert Einstein die heute noch gebräuchliche Methode des »Einkochens«.

richtig ist Antwort b)

Als Krieg in Frankreich herrschte, konnte Napoleon, der Heeresführer, die eigenen Soldaten auf seinen Feldzügen nicht ausreichend versorgen. So starben die Soldaten nicht nur durch feindliche Truppen, sondern auch an Unterernährung. Deshalb setzte Napoleon einen Preis von 12000 Goldfranken für denjenigen aus, dem es gelingen würde, Obst und Gemüse zu konservieren, also haltbar zu machen. Napoleon wollte, dass sich seine Soldaten auch in unwirtlichen Gegenden und im Winter mit vitaminreicher Kost ernährten, damit sie gesund und kräftig blieben.

Dem französischen Zuckerbäcker Nicolas Appert (1749–1841) gelang das mit einem bis dahin unbekannten Trick: durch das Sterilisieren von Lebensmitteln in Flaschen.

Zunächst wurden die Lebensmittel erhitzt, um die für das Verderben verantwortlichen Mikroorganismen abzutöten (sterilisieren). Anschließend wurden die Flaschen luftdicht verschlossen, damit nichts mehr reinkonnte und alles sauber blieb.

Die französische Marine testete seine Erfindung. Obwohl bei stürmischen Seefahrten einige der Einmachgläser zu Bruch gingen, erhielt Appert die Belohnung »für die Kunst, alle animalischen und vegetabilischen Substanzen in voller Frische zu erhalten«. So hieß es in der Verleihungsurkunde

Wer entdeckte die Einzigartigkeit von Fingerabdrücken?

a) Ein britischer Beamter untersuchte 1877 die Linienmuster der Finger und stellte fest: Jeder Fingerabdruck ist tatsächlich einzigartig. Obwohl er seine Ergebnisse veröffentlichte, wurden sie nicht weiter beachtet, bis 1892 ein grausamer Mord passierte ...

b) Das Wissen um die Einzigartigkeit der Fingerlinien ist mindestens 2500 Jahre alt. Aus dem Jahre 500 v. Chr. existiert folgendes Zitat von einem unbekannten Ägypter: »Der Dieb hinterließ einen Daumenabdruck im noch feuchten Lehm und wurde sogleich gepackt.« Er hatte ein Pferd gestohlen und ihm wurde zur Strafe die Hand abgehackt.

c) Die Prinzessin von Wales wurde von vielen Männern besucht, die ihr abends unter dem Fenster Liebeslieder sangen. Von einem war sie hingerissen, doch er kam nur einmal. Ihr Vater, glücklich darüber, dass seine Tochter endlich ihr Herz vergeben wollte, ließ alle Gelehrten des Landes kommen, um diesen Mann zu finden. Einer entdeckte dann einen Fingerabdruck am Fensterbrett und konnte den Mann aufspüren.

richtig ist Antwort a)

Schon die alten Chinesen ließen sich Kaufverträge mit einem Handabdruck bestätigen; ebenso die Inder. Das fiel 1877 einem britischen Verwaltungsbeamten namens William Herschel auf. Er arbeitete in Kalkutta (Indien) und übernahm die dort gebräuchliche Identifizierung per Handabdruck, in dem er den Abdruck zur Erkennung von Personen bei der Auszahlung von Gehältern verwendete. Herschel beschäftigte sich näher mit den Linienmustern der Hand und fand heraus, dass die Abdrücke bei jedem Menschen anders sind. Er veröffentlichte seine Ergebnisse sogar in Fachzeitschriften, wurde aber nicht weiter beachtet.

Dann geschah 1892 in dem kleinen Küstenstädtchen Necochea in Argentinien ein grausamer Mord an zwei Kindern. Die Mutter beschuldigte den Patenonkel der beiden. Der wurde verhaftet, stritt jedoch alles ab. Daher begann die Polizei gründlich zu forschen und fand an einem Türstock den Abdruck eines blutigen Daumens. Der Türstock wurde ausgesägt, der Fingerabdruck gesichert und ...

... es war der Daumenabdruck der Mutter. Sie brach zusammen und gestand. Die Kinder hätten der Heirat mit ihrem Geliebten im Wege gestanden, so ihre Erklärung.

Dies – so sagt man – war der erste Mordfall, der mithilfe eines Fingerabdrucks aufgeklärt wurde.

Wer erfand die Wegwerf-Windel?

a) Unter dem Weihnachtsbaum einer 12-köpfigen Familie lag ein Paket ohne Absender. Es war voll mit Einmal-Windeln, die keiner vorher gesehen hatte. Für die Mutter war es das schönste Geschenk ihres Lebens. Die Familie vermutete, dass das Paket von einem verschrobenen Erfinder-Onkel aus Holland kam. Aber sie fanden es nie heraus, da der Onkel am 2. Weihnachtsfeiertag verstarb.

b) Eine alte, blasenschwache Lady bekam in ihrem Altersheim regelmäßig Besuch von ihrer Enkelin und deren Baby. Da die Stoff-Windeln des Babys nicht besonders lange hielten, waren die drei ständig damit beschäftigt, das Kind trockenzulegen. Bis die alte Lady auf die Idee kam, ihre saugfähige Senioren-Windel für das Baby zurecht zu schneiden. Der Name der Urgroßmutter: Debbie Pamper.

c) Marion Donovan war Mutter und genervt von den ewig nassen Windeln. Sie schnitt aus ihrem Duschvorhang ein kleines Höschen, so blieb das Baby zumindest außen trocken. Um es nun auch noch innen trockenzulegen, experimentierte Donovan eine Weile mit gut saugendem Papier und entwickelte so die Wegwerf-Windel.

richtig ist Antwort c)

Die Wegwerf-Windel wurde um das Jahr 1950 in Amerika erfunden. Und zwar von einer Frau namens Marion Donovan.

Als Marion Mutter wurde, wickelte sie ihre Kinder mit den damals noch gebräuchlichen Stoff-Windeln. Und das war eine recht aufwendige Prozedur, denn die Windeln mussten nach jedem Gebrauch gewaschen, getrocknet und gebügelt werden. Außerdem saugte der Stoff nicht besonders gut, sodass das Kind, kaum war es fertig gewickelt, bald schon wieder völlig durchnässt war.

Marion Donovan hatte im wahrsten Sinne des Wortes die Nase voll davon. Entschlossen schnitt sie aus ihrem Duschvorhang ein kleines Babyhöschen und zog es über die Windel. Jetzt war wenigstens die Kleidung geschützt. Nun wollte sie aber auch, dass das Kind im Trockenen lag. Also fing sie an, mit Papier zu experimentieren, und entwickelte so Schritt für Schritt die saugende Wegwerf-Windel.

Jahrelang versuchte sie Firmen von ihrer Idee zu begeistern, doch der Erfolg blieb aus. Erst Jahre später entdeckte der Firmenchef Victor Mills die Genialität dieser Idee. Er kaufte das Patent und 1961 eroberte seine erste Wegwerf-Windel den amerikanischen Markt. Ihr Name war Pampers. Der Begriff kommt aus dem Englischen: »to pamper« heißt auf Deutsch »verwöhnen«.